DE LA CONDUITE
DU SÉNAT
SOUS BUONAPARTE,

OU

LES CAUSES DE LA JOURNÉE
DU 31 MARS 1814,

AVEC DES DÉTAILS CIRCONSTANCIÉS SUR CETTE JOURNÉE MÉMORABLE;

Par M. LE HODEY DE SAULTCHEVREUIL,

RÉDACTEUR DU JOURNAL DES ÉTATS-GÉNÉRAUX,

TROISIÈME ÉDITION.

PARIS,

LEBÈGUE, Imprimeur-Libraire, rue des Rats, n° 14, près la place Maubert;
PETIT, Libraire de S. A. R. Mgr. le duc de Berry, Palais-Royal, galerie de bois, n° 257;
LE NORMANT, Imprimeur-Libraire, rue de Seine, n° 8;
PILLET, Imprimeur-Libraire, rue Christine, n° 5;
BLANCHARD, Libraire, Palais-Royal, galerie de bois, n° 249;
PLANCHER, rue de la Harpe, n° 26.

M. DCCC. XIV.

DE LA CONDUITE
DU SÉNAT
SOUS BUONAPARTE.

Jamais on n'a tant vanté les vertus sociales que de notre temps; jamais, ni dans aucun pays du monde, on n'en a parlé avec autant de force, d'énergie et d'éloquence qu'en France; surtout à la fin du dernier siècle et au commencement du nôtre : jamais non plus les actions et les faits ne furent plus visiblement en contradiction avec le langage et les paroles. Quand les orateurs, du haut des tribunes, parlaient d'humanité et hérissaient leurs harangues de grands mots philantropiques, recueillis et propagés avec tant d'empressement par les journaux, c'était alors que le sang humain coulait à grands flots sous la hache révolutionnaire. On entendait retentir partout les mots de patriotisme, de liberté, de tolérantisme, et partout l'égoïsme exerçait ses ravages; un tiers des habitans était dans les prisons, et les ministres sacrés étaient poursuivis impitoyablement.

Pour prouver combien le langage et les faits étaient en contradiction, il n'est pas nécessaire de s'appesantir davantage sur ces temps malheureux. Je parle à des témoins oculaires, qui sont intimement convaincus de cette vérité. Tous les Français, qui dans ce moment sont parvenus à leur huitième lustre, savent et peuvent attester le déluge de maux qui s'est répandu sur la France depuis vingt-cinq ans. Il est des époques, où les nations en délire commettent des horreurs, dont il répugne de rappeler le souvenir, et que l'on voudrait cacher à la postérité.

Loin de moi aussi l'intention de tirer entièrement le rideau ; mais qu'il me soit permis d'en soulever un coin, pour laisser voir et sentir que tous les maux qui ont pesé sur la France depuis l'époque de l'Assemblée constituante jusqu'à la déchéance de Buonaparte, sont dus aux mêmes causes, qui, prenant de jour en jour plus de force, auraient immanquablement entraîné la ruine entière de notre patrie, sans un coup de la Providence.

Quelles sont donc ces causes si fécondes en malheurs ? c'est l'égoïsme, l'ambition et la pusillanimité : mais la principale et la plus puissante fut toujours l'égoïsme ; comme il sera très-facile de s'en convaincre par l'exposé des faits que nous allons succinctement passer en revue.

Le déficit, qui a amené notre révolution, existait avant l'avènement de Louis XVI au trône. Quoique jeune encore lorsqu'il fut ceint du diadême, ce bon prince s'occupa de suite de trouver le moyen de combler l'abîme que le temps menaçait de creuser de plus en plus. Il fait plusieurs réformes dans sa maison, essaie de plusieurs ministres des finances; et, se mettant au-dessus du préjugé, il appelle Necker au contrôle général des finances, quoique protestant. Ce ministre charlatan pallie d'abord le mal, suffit d'abord à toutes les dépenses nécessitées par la guerre que nous soutenions contre l'Angleterre en faveur des Anglo-Américains, en cumulant emprunts sur emprunts, qui tous présentent des chances éblouissantes et avantageuses aux prêteurs. De là l'engouement général pour l'agiotage ; les capitalistes, trouvant à placer leurs fonds si avantageusement, renoncent aux acquisitions de biens-fonds : beaucoup de négocians et de manufacturiers placent leurs capitaux en rentes. Ce qui mit le comble au mal, ce furent les emprunts viagers.

C'est à partir de cette dernière époque, que les principes d'égoïsme commencèrent à gagner toutes les classes de la société. Le propriétaire, le fermier, l'artiste, l'ouvrier s'empressent de verser dans le trésor royal les fruits de leurs économies, pour se procurer, sans penser à leurs descendans, un bien-être qui doit finir avec eux. On fit sentir au Roi les inconvéniens d'un pareil ordre de choses. Necker est disgracié ;

mais le mal était fait. L'égoïsme avait déjà poussé de profondes racines, et infecté le corps social, au point que le présent avait pour ainsi dire envahi l'avenir.

La plaie était profonde à la vérité; mais elle n'était pas incurable: le gouvernement avait sous sa main et à sa disposition le spécifique qui pouvait la cicatriser et la guérir radicalement, la répartition de l'impôt sur tous les biens-fonds sans distinction. Si un fatal égoïsme n'avait pas aveuglé les deux premiers ordres de l'Etat, ils auraient renoncé à ce qu'ils appelaient leurs priviléges, consenti à payer l'impôt territorial, et le déficit eût été comblé. Point du tout: le clergé soutient opiniâtrement ce qu'il lui plaisait d'appeler ses droits; les parlemens se refusent à l'enregistrement des édits du Roi. Tout alors va de mal en pis; et cela devait être, puisque les deux premiers ordres, qui possédaient au moins la moitié des biens-fonds, poussent l'égoïsme jusqu'à se refuser de supporter proportionnellement les charges de l'Etat.

Dans ce moment de crise, les notables du royaume sont convoqués; mais deux assemblées consécutives ne produisent aucuns résultats satisfaisans. Toujours jaloux de réparer les maux de l'Etat, le vertueux Louis XVI convoque les Etats-généraux. Alors tout prend une nouvelle face; les priviléges sont abolis, la noblesse est supprimée, la féodalité éteinte, le clergé avili et dépossédé ; la majesté royale n'est plus qu'un vain fantôme, qui ne participe aux actes et aux lois du gouvernement que par le *veto*, dont l'on semblait ne l'avoir investi que pour le ridiculiser davantage. A quoi peut-on attribuer ce renversement de l'ordre social ? à l'égoïsme d'une minorité factieuse et turbulente, qui, abusant des talens oratoires dont la plupart de ses membres étaient doués, voulut d'abord tout niveler, pour pouvoir ensuite primer à son aise et s'emparer des places, des honneurs, des dignités, d'où la naissance et la fortune les excluaient.

Point de doutes que des modifications étaient nécessaires ; les talens, les vertus du plébéien devaient le faire parvenir aux places qu'il était dans le cas de remplir. L'exclusion, sous prétexte de la naissance, était injuste ; mais, pour la réparer, fallait-il tout renverser, tout niveler ? De l'abolition de la noblesse à celle de la royauté il n'y avait qu'un pas à faire. Cependant la législature n'osa pas le franchir ; mais imbue en grande partie des mêmes principes que la minorité de la constituante, elle suscite mille et mille désagrémens au Roi, l'abreuve d'amertumes, ameute le peuple, fait venir une troupe de bandits, effrénés qui l'assiégent dans son palais. Ce prince, beaucoup trop bon et trop vertueux, défend aux fidèles Français, ainsi qu'à la garde nationale, qui l'entourent, de repousser la force par la force, pour épargner le sang de ces tigres qui n'avaient d'humain que l'extérieur. Il croit devoir se réfugier au milieu des Représentans du peuple. Les premières paroles que cette illustre victime prononce à l'assemblée seront à jamais mémorables:

« Messieurs les Représentans, dit-il, je me suis réfugié auprès de vous pour éviter un grand crime à des Français. » Quel langage! Il ne pouvait sortir que du cœur le plus noble et le plus généreux. Quelle sécurité! quelle tranquillité! Elles ne pouvaient résider qu'au fond de l'âme du plus vertueux des Rois. Infortuné monarque! vous croyez donc, hélas! vous adresser aux Représentans de la nation française, aux Représentans de ce peuple de tout temps renommé par l'amour et l'affection qu'il porte à ses Rois? Quelle est votre erreur, grand Dieu! La plus grande partie de cette assemblée, pour ne pas entendre votre langage, se bouche les oreilles. Entendez-vous ces murmures? ils partent des factieux qui foulent aux pieds les devoirs sacrés que leur imposent leurs fonctions honorables; qui, loin de vous protéger, loin de vous faire une égide de leurs corps, vont vous chasser de leur sein et vous reléguer dans une petite loge consacrée à l'usage d'un journal, connu alors sous le nom de *Logographe*. Vous devez sentir que vous avez été livré par ce magistrat qui vous a accompagné, si l'on peut appeler de ce nom un fourbe plus profond que le Sinon des Grecs; vous devez sentir, dis-je, que ce perfide, en vous exhortant à hasarder cette noble démarche, n'a pensé qu'à lui-même. Il s'est dit : Si la justice triomphe; si la Providence permet que l'aveuglement des députés cesse; si l'amour pour le Roi, si naturel aux Français dont ils semblent être l'élite, vient à parler au fond de leurs cœurs; si la noble assurance de Louis, si sa position vient à faire sur les Représentans l'effet qu'elle doit produire, je me fais alors auprès du Roi le mérite d'avoir été son guide et de l'avoir sauvé; dans le cas contraire, j'aurai le mérite d'avoir livré la victime pieds et mains liés : dans l'un et l'autre cas, je parviens aux honneurs et aux dignités.... Laissons ce traître infâme; abandonnons-le à ses remords, aux noirs soucis qui dévorent son âme et se manifestent sur sa figure rebutante et ignoble. Hâtons notre récit : les faits nous pressent. Déjà le monarque et sa famille sont dans la tour du temple; déjà le maire de Paris vient sommer audacieusement, au nom de cette Commune, les Représentans de la France de déclarer s'ils sont en état de sauver la patrie.

D'après la réponse négative de l'Assemblée, réponse concertée entre les factieux de la législature et ceux de la Commune parisienne, l'Assemblée décréta qu'une Convention nationale serait convoquée. Cependant l'Europe indignée se soulève contre nous ; toutes les puissances nous déclarent la guerre et prennent les armes pour venger la majesté des trônes avilis. N'importe : la Convention se forme ; et dès les premiers jours de sa session, un de ses membres, qui vient d'échanger le masque de Thalie contre le costume conventionnel, monte à la tribune et fait décréter l'abolition de la royauté. Ainsi la plus antique des monarchies de l'Europe, respectée par nos pères et nos voisins pendant seize siècles, consacrée par nos usages, par les lois divines et humaines, tombe à la voix d'un méchant histrion. A la voix d'un pareil être, la France est républicaine. Grand Dieu ! quelle est donc la source et la cause de tous ces décrets plus audacieux, plus subversifs les uns que les autres ! Ce sont toujours les mêmes, c'est-à-dire, l'égoïsme, l'ambition, la pusillanimité ; ajoutez la soif de l'or, le fanatisme de la liberté ou plutôt de la licence : telles sont les sources intarissables des maux qui ont inondé la France depuis la Convention jusqu'à la fin de Buonaparte. Le conflit horrible de ces passions force les cataractes du mal à s'ouvrir. Qui pourra jamais les fermer ? Dieu de miséricorde, prenez pitié de la France ; elle est en proie à une poignée de furieux, qui, au mépris de toutes les lois, contre la teneur expresse de leurs mandats, foulant aux pieds ce qu'il y a de plus sacré, se constituent accusateurs et juges de leur Roi. C'en est fait, l'auguste victime va être frappée ; le plus innocent des hommes, le plus vertueux des monarques va cesser d'être. Déjà, à l'exemple de son divin maître, il fait préluder à sa mort les actes d'une sainte agonie ; déjà l'instrument fatal est levé ; déjà ce pieux monarque emploie ses derniers momens et à pardonner à ses bourreaux, dont il demande publiquement la grâce à Dieu, et à prier le Très-Haut de verser sur la France les trésors de sa miséricorde. Il prie encore, lorsqu'il reçoit le coup mortel. C'en est fait, le fils de saint Louis n'est plus : son âme vole au séjour des immortels.... Qu'allons nous devenir ?....

Le temps de la miséricorde céleste n'est pas encore arrivé pour nous ; nous devons encore ressentir long-temps les coups de la vengeance divine, avant que les vœux de cet auguste martyr soient exaucés. En effet, la mort ou plutôt le parricide de Louis XVI, est le signal de l'erruption terrible d'un volcan, dont le cratère est la tribune aux harangues de la Convention. De là, elle vomit sur la France le deuil, la consternation, le désordre, la terreur, la confusion et la mort. Tout l'ordre social semble prêt à se dissoudre : l'anarchie est érigée en loi ; l'impiété, le sacrilége en religion ; l'athéisme est applaudi en pleine assemblée ; il y a plus, il y est préconisé : enfin Dieu n'est plus Dieu que par l'autorisation d'un décret qui nous permet de le reconnaître. Tous ceux qui n'ont pas été témoins d'un pareil délire, en révoquent en doute la réalité. Quoi ! disent-ils, à la fin du dix-huitième siècle, au milieu d'un peuple éclairé, de telles absurdités ont pu avoir lieu ? cela n'est pas croyable !.... Certes leur incrédulité est fondée ; mais les faits n'en sont pas moins vrais et reconnus. Il s'est opéré alors bien d'autres miracles : la terreur perpétuelle dont on était saisi fit naître le mépris de la mort ; l'innocence bravait la barbarie ; les victimes dévouées allaient de sang froid au supplice ; disons plus, la plupart y marchaient comme au plus saint des martyres. Telles furent ces augustes victimes..... Ciel ! faut-il donc les nommer ? O honte ! ô désespoir ! Eh bien ! cédons enfin à la force de la vérité : la génération d'alors les nommait Marie-Antoinette, Archiduchesse d'Autriche, auguste épouse de Louis ; et l'autre, madame Élisabeth, céleste sœur de ce Monarque. Les générations présentes les révèrent comme d'illustres martyres ; les générations futures leur consacreront des autels, ainsi qu'à Louis XVI.

Cependant d'autres prodiges se passent sous les yeux de l'Europe entière. L'honneur et la vertu, effrayés de nos désordres , s'étaient réfugiés dans nos armées. La victoire suit constamment nos drapeaux ; nos soldats sont autant de héros qui font des prodiges de valeur, se couvrent de gloire, repoussent les ennemis de notre terri-toire et entrent triomphans sur celui des puis-sances coalisées. O divine Providence ! que tes secrets sont impénétrables! Quoi! c'est du même cratère que sortent et ces laves brûlantes de la destruction et ces décrets salutaires qui sauvent la patrie et garantissent la France du partage et du déchirement de son territoire! Quoi! tandis qu'elle s'occupe du salut de l'Etat, cette trop fameuse Convention , elle se déchaîne contre elle-même, se déchire , se mutile , se décime, fait périr d'un seul coup vingt-deux de ses mem-bres!.... Humilions-nous de plus en plus devant l'immensité de Dieu, qui fait produire à la même cause des effets si contraires.

La France, respirant un peu sous l'égide de ses armées victorieuses ; la Convention , lasse plutôt qu'assouvie de sang, de carnage et de for-faits, met enfin un terme à sa session; elle nous donne un gouvernement composé de Conven-tionnels pour les deux tiers , et de nouveaux Députés pour l'autre.

A l'idée d'un pareil gouvernement , auquel on voulait nous forcer de nous soumettre, les esprits fermentent, les têtes s'échauffent, le sang bouil-

Ionne, on prend les armes de part et d'autre.
Ainsi, dans son agonie, la Convention fait éclater
la guerre civile et enfante Buonaparte, progéni-
ture digne de sortir des entrailles convention-
nelles. Le génie du mal prévaut, le peuple est
battu, la Convention triomphe. Il est scellé ce
fatal triomphe sur les marches de Saint-Roch,
inondées de sang français que fait couler Buonaparte. Tels furent ses premiers pas dans la
carrière politique ; tels furent les pronostics si-
nistres des maux qu'il ferait un jour à la France.
Ainsi les marches ensanglantées de Saint-Roch
sont les premiers degrés de la grandeur colossale de cet enfant du crime.

A cette crise funeste et sanglante succède un
peu de calme, suite nécessaire de la balance
des pouvoirs établie dans le nouveau Gouvernement, composé de deux Conseils et d'un Directoire exécutif. Si les membres de ces corps
eussent été plus vertueux et moins égoïstes, le
Gouvernement eût pu prendre de la consistance ;
mais ils étaient animés du même esprit de ver-
tige et du même égoïsme que les Assemblées pré-
cédentes. Les cinq Directeurs étaient conven-
tionnels. Sans changer d'esprit ni de système,
ils dressent toutes leurs batteries pour lutter
contre les assauts des deux Chambres, et se font
la guerre entre eux. De là ce système de bas-
cule qui culbuttait une faction pour faire triom-

pher l'autre. Un pareil mode de gouvernement
ne pouvait durer : à chaque instant il pouvait
tomber en ruine ; le bien ne pouvait s'opérer.
Cependant le mal est moins grand, les horreurs moins révoltantes, le sang humain coule
moins sur les échafauds ; mais les proscriptions
et les déportations sont plus fréquentes. Le Directoire déplaît aux meneurs : en conséquence,
pour l'anéantir, on l'avilit en y plaçant des hommes ignorans, pour ne pas dire ineptes.

Cette autorité disparaît presque sans secousses.
Les restes de la plus audacieuse Assemblée du
monde, réunis dans les deux Conseils, se dis-
persent, se sauvent à la vue de quelques grena-
diers commandés par Buonaparte, qui les fait
entrer dans le lieu de leurs séances. Ces fiers ré-
publicains jonchent, en s'enfuyant, le jardin et
le parc de Saint-Cloud des débris de leurs costumes. Le Directoire est remplacé par le Con-
sulat.

Buonaparte, qui avait figuré avec éclat sur le
théâtre du monde, et couvert de lauriers cueillis
à la tête de nos armées, dont la bravoure commandait la victoire, joue ici le principal rôle ; il
est nommé premier Consul : on lui adjoint pour
la forme Cambacérès et Lebrun. Le premier Consul est désormais le point de mire des meneurs
de tous les partis ; on se pousse, on s'intrigue
auprès de lui. Le Sénat est composé des débris

de toutes les Assemblées antérieures, ainsi que le Corps législatif, le Conseil d'Etat et le Tribunat. Celui-ci portait en lui-même le germe de sa destruction : c'était une institution libérale dont les délibérations étaient publiques. Ce Corps aurait pu contrarier les vues du Consul, qui tendait déjà à la souveraineté. En effet, il se fait nommer successivement Consul pour dix ans, puis pour la vie, puis enfin Empereur, d'après la motion d'un Tribun, prêtre de profession, aujourd'hui Sénateur. C'est un exemple frappant que la voix de l'honneur et l'observation de la foi jurée ne conduisent pas seules aux dignités lucratives. Infâme égoïsme ! à quoi ne portes-tu pas les mortels ! Au reste, bien peu de Tribuns étaient dignes de ce titre, puisque la majorité avait conspiré contre le Tribunat même. Un seul, au dernier moment, se présenta noblement sur la brèche, et aurait fini là sa carrière politique, si dans la crise actuelle il n'eût offert son bras sexagénaire à Buonaparte, qui, après un long oubli, lui a confié depuis peu la défense d'Anvers, place la plus importante de l'Empire. L'anéantissement du Tribunat était une conséquence naturelle de la création d'un Monarque ; aussi sa chute ne fit aucune sensation ; on n'y pensa plus le lendemain : tant l'idée d'une monarchie est innée chez les Français ! D'ailleurs, nos succès militaires avaient porté le crédit public à son apogée : tout autre que le Corse s'en serait tenu là ; mais plus il a, plus il veut avoir. Malheureusement de nouveaux succès couronnent ses entreprises extravagantes. Tous les trônes sont ébranlés ; à sa voix les uns disparaissent et d'autres s'élèvent : on dirait du Roi des Rois qui tient dans ses mains le sceptre du monde. Plus le géant grandit, plus la France devient pigmée : cette armée colossale est hors de proportion avec notre population. Le Sénat, la seule autorité qui, par devoir, pouvait mettre un frein à cette ambition gigantesque, prévient ses caprices, loin de s'y opposer. Au moindre signal de sa volonté, on décrète levée sur levée ; on dépeuple les campagnes ; on prodigue le sang français, sans écouter les plaintes des familles alarmées, sans daigner faire attention que l'industrie et l'agriculture manquent de bras de plus en plus. Si le Sénat d'aujourd'hui était composé de nos anciens Ducs et Pairs, de nos anciens Dignitaires de la vieille roche, il serait plus excusable de se mettre au-dessus des plaintes du peuple, attendu que l'éducation, le rang, la fortune, l'habitude, le préjugé, tenaient toujours les plébéiens à une distance respectueuse des Grands, qui par conséquent connaissaient moins ses besoins. Mais vous, Messieurs, peut-on dire aux Sénateurs actuels, vous dont la noblesse ne date que de l'an VIII, dont tous les parens sont encore plébéiens, vous ne pouvez avoir la même excuse. Ainsi, si vous laissez moissonner le peuple dans la personne de ses enfans; c'est par insensibilité; c'est que vous avez des âmes de bronze, ou plutôt c'est que vous n'en avez pas; s'il est écrasé d'impôts, c'est que le froid égoïsme qui vous aveugle vous fait croire que vous êtes doués d'un mérite transcendant qu'on ne saurait trop payer, même en pressurant le peuple. Désabusez-vous sur votre propre compte; que la prospérité ne vous aveugle pas à ce point. On sait dans le monde qui vous êtes, et qu'il y en a plus d'un parmi vous qui à peine sait signer son nom; que d'autres ne pourraient pas rédiger deux idées de suite; que ceux-ci sont les enfans de l'intrigue, et que bien peu de vous sont à la place qu'ils méritent. Quoi qu'il en soit, pleins de vous-mêmes, pour chasser toutes idées importunes et faire votre devoir de Sénateurs, vous faites apporter votre costume, vous endossez l'habit doré..... Eh! messieurs, avant d'aller au Sénat, jetez un coup d'œil sur votre garde-robe. Grâce à votre esprit conservateur, vous y trouverez encore, les uns les robes de praticiens avec lesquelles vous avez balayé si long-temps les audiences de nos baillages; les autres, les belles soutanes dont ils se servaient les jours de grandes fêtes, pour faire pleuvoir sur l'autel les rétributions des fidèles; quelques-uns même, s'ils ont été bien soigneux, pourraient montrer l'habit de bure ou d'Elbeuf qui ne voyait le jour que quatre fois par an.

A la vue des costumes qui vous rappellent ce que vous avez été, vous deviendrez plus sensibles aux maux du peuple ; vous écouterez ses plaintes justes et réitérées. De toutes les parties de la France, il crie ce peuple consterné : En grâce, messieurs les Sénateurs, mettez un frein à l'ambition insatiable de Napoléon : c'est un autre Attila qui, traînant à sa suite huit à neuf cent mille jeunes Français, va inonder l'Europe de sang et de carnage, et faire de la France un vaste désert. Toutes ces plaintes, dites-vous, le froid sourire du dédain sur les lèvres, sont de vaines clameurs que la saine politique nous empêche d'écouter. Napoléon est le plus grand capitaine du monde : il commande à la Victoire, il agrandit les destinées de la France ; elle devient sous lui tout ce qu'elle ne pouvait jamais espérer d'être ; d'ailleurs il nous subjugue : nous ne pouvons lui résister. Quoi, messieurs, vous ne pouvez résister à un seul homme, et vous êtes cent soixante au moins ! Vous êtes entraînés, subjugués, et vous formez le Sénat conservateur de l'Empire français ! De pareilles excuses sont plus que ridicules. Quoi ! vous êtes investis de grands pouvoirs, et vous ne vous en servez pas ! Vous êtes les conservateurs de la charte constitutionnelle, et vous la laissez violer à chaque instant ! N'avez-vous pas le droit de délibérer sur la paix, sur la guerre? Napoléon ne peut et ne doit conclure l'une et entreprendre l'autre sans votre participation. Ce sont des vérités que vous ne pouvez contester : elles sont consignées dans l'acte constitutionnel que vous avez juré de maintenir. Qu'importe, répondez-vous froidement, et la constitution et nos sermens : si nous lui résistons, il fera de nous ce qu'il a fait du Tribunat ; il nous dissoudra. Voilà la grande et peut-être l'unique vérité qui soit émanée du Sénat : il vous dissoudra.... et vous n'aurez plus quarante mille livres de rente. Adieu vos costumes dorés, vos priviléges; vous serez remplacés par ses créatures, etc..... Oui, sans doute, répliquez-vous, c'est un diable incarné que ce grand Napoléon ; il faut que tout plie devant lui. En conséquence, dans notre sagesse nous avons délibéré qu'il vallait mieux conserver nos places et les immenses profits qui en proviennent, que de les céder à de nouveaux venus qui, comme nous, ne pourraient rien faire pour les intérêts du peuple français. Quel langage, grand Dieu! c'est celui de la lâcheté la plus déhontée, de l'égoïsme le plus infâme; et c'est pourtant celui du Sénat français, qui, sous le règne de Buonaparte, a applaudi à toutes ses actions extravagantes, préconisé scandaleusement ses vices et ses défauts, et qui l'aurait déclaré fils de Jupiter, s'il avait voulu le soudoyer aussi largement qu'Alexandre le Macédonien fit le grand-prêtre du temple de ce dieu !

Quiconque s'imagine que j'exagère peut se convaincre de la bassesse du Sénat, en prenant au hasard les discours, les complimens adressés à ce demi-dieu par l'organe de ses présidens. Si on veut faire un cours d'adulation, de flatterie, tous les Tigillins modernes en trouveront un complet dans le recueil de ces pièces vraiment curieuses. Les mieux écrites en ce genre sont celles d'un très-bon littérateur. Aussi, après avoir lu une des productions de ce Sénateur, l'ultimatum de la bassesse, un de ses collègues lui dit : Vous avez, monsieur, parfaitement bien écrit l'histoire des reptiles ; vous êtes un digne continuateur de Buffon sous le rapport du style et des connaissances, mais non pas sous celui de l'exactitude. — Eh pourquoi cela, s'il vous plaît ? — Parce qu'on n'y trouve pas votre espèce : vous êtes cependant le plus rampant des reptiles. Il s'en faut beaucoup que les discours du Corps législatif soient souillés du même caractère de bassesse : on en pourrait même citer où d'un bout à l'autre il règne une noble franchise et des idées libérales.

En supposant que le Sénat eût eu pour système de s'isoler absolument du reste de la nation, pour empêcher que la voix de la renommée et de la vérité ne frappât l'oreille de ses membres, plus d'un Sénateur était homme à dire en pleine séance ce que le peuple leur avait dit tout bas. Un d'eux n'eut-il pas l'audace de dire, d'une voix de tonnerre : « Moi voter pour mettre sur le trône de France un Corse !... un Corse ! Le dernier des Romains n'en eût point voulu pour esclave ». Voilà la seule phrase de son discours qui, du sanctuaire mistérieux du Sénat, ait pénétré au dehors et dans Paris ; mais, dans sa colère, il aura sans doute publié ce qu'il savait et ce qu'il avait sur le cœur. Alors il aura ajouté : « Ce prétendu héros, qui ne doit ses victoires qu'au torrent du sang français, qu'il prodigue à tort et à travers ; ce vil déserteur de l'armée d'Égypte ; cet assassin de Kléber, des talens duquel il était jaloux ; ce perfide meurtrier du duc d'Enghien, ou plutôt ce lâche parricide, qui, au mépris du droit des gens, fait enlever dans une cour étrangère le dernier rejeton de l'illustre maison de Condé, de cette famille si féconde en héros, et dont le non seul commandait le respect et la vénération en France et en Europe ». Eh ! ce monstre, n'a pas frémi de répandre ce sang précieux, que nous regreterons à jamais, attendu que la source menace de tarir pour toujours !

Voilà sans doute les masses principales du discours de ce Sénateur véridique. En passant par son organe, les vérités devaient acquérir de la force, et faire ouvrir les yeux à ses collègues. Malgré soi on ne peut se refuser à l'évidence. La force de la vérité se fait entendre au fond de chaque conscience ; mais l'égoïsme étouffe ce sentiment ; et, pour s'excuser, les partisans de Buonaparte disent, à qui veut l'entendre, *aux grands hommes les grandes passions.* Forts de ce raisonnement, auquel il n'y a pas de réplique, selon eux, ils continuent à porter aux nues leur Buonaparte : cela doit être. Des hommes p our qui la patrie et l'honneur ne sont rien, pour qui l'or est tout., doivent se prosterner aux pieds de ce nouveau Moloch. Aussi, voyez comme ils s'évertuent pour étouffer les clameurs publiques et la voix de la renommée par tous les journeaux officiels, et autres forcés d'être les échos du mensonge, et de publier des absurdités, et de taire des cruautés, des perfidies, des forfaitures de toute espèce que tout le monde se dit à l'oreille, et qu'ils veulent cacher à force de dissimulation, de déguisemens, de fausses dénominations. Vains efforts ; persécutions inutiles : le public éclairé s'obstine à nommer chaque chose par son nom. Par exemple, la conduite de Buonaparte envers la Cour d'Espagne excite l'indignation de tous les vrais Français, et est regardée comme la scélératesse la plus révoltante, la perfidie la plus atroce que l'on puisse commettre. Toutes les menées, toutes les finesses, toute l'éloquence des grands faiseurs, Sénateurs et autres, échouent ici contre l'indignation publique ; l'éclat même des victoires ne peut faire dévier un instant l'opinion, qui se soulève de toutes parts contre Buonaparte, regardé dès ce moment comme un perfide scélérat par une infinité de personnes qui jusques alors avaient été ses partisans et ses prôneurs. Cela devait être ainsi : tout homme loyal, tout homme d'honneur, ne pouvait pardonner à Buonaparte l'astucieuse perfidie dont il s'était servi pour s'emparer du trône espagnol et de la famille Royale. Quoi, c'est non-seulement en pleine paix, mais même lorsqu'une alliance offensive et défensive avait été contractée entre les deux puissances ; c'est lorsque le bon Charles IV met en Buonaparte une confiance si illimitée, qu'il avait abandonné à sa disposition et ses flottes et les meilleures troupes de ses armées ; c'est à cette époque que le Corse, après avoir fait révolter Ferdinand contre son père, et allumé le brandon de la guerre en Espagne, se présente aux yeux de l'univers comme conciliateur de ce grand différend ; fait comparaître devant lui ces deux Princes à Baïonne, où il convoque une junte espagnole ! On s'imagina d'abord qu'il voulait approfondir l'affaire, et qu'au moyen le smembres de la junte, il voulait connaître les causes du soulèvement en Espagne, et de la rébellion du fils contre le père ; et qu'après avoir acquis les lumières que pouvait lui donner cette assemblée, il prononcerait un

jugement solennel, qui ferait rentrer dans le
devoir les mécontens, satisferait la saine partie
de la nation espagnole, et lui donnerait la ré-
putation d'un autre Salomon, sous le rapport
de la sagesse et de la justice. On le croyait alors
jaloux de tous les genres de gloire et d'illustra-
tion. On fut bientôt détrompé sur les vues et les
plans de ce fallacieux pacificateur, quand on vit
que le résultat de la junte était un changement de
dynastie en faveur de la famille du Corse, qui,
pour mettre les formes de son côté, avait arraché
de Charles IV et du prince des Asturies une abdication motivée. Toute l'Europe est indignée de
voir ainsi la majesté des têtes couronnées avilie
et méprisée; de voir fouler aux pieds le droit
des nations, que l'on prétend vendre et livrer
comme des agneaux. La nation française, qui
applaudit au sentiment de toute l'Europe, res-
sent en outre une douleur d'autant plus sincère,
qu'une pareille mesure était un crime inutile,
et devait nécessairement produire des résultats
contraires à nos vrais intérêts, sans nous procurer aucun avantage. On est honteux d'avoir
pour chef du Gouvernement un homme sans
foi, sans honneur; un brigand qui se croit tout
permis, parce qu'il est le plus fort. Tout le
monde, en ce moment, tourne les yeux sur le
Sénat : l'on s'attendait qu'il s'opposerait à cet
affreux brigandage. Vain espoir; le Sénat ne

fait aucune représentation , garde un silence honteux et criminel, laisse crier à l'injustice, se moque de nos alarmes, s'assemble, met à la disposition du farouche Corse deux cent mille hommes de plus pour lui procurer ainsi les forces nécessaires pour la consommation de sa scélératesse. Si dans cette circonstance, le Sénat avait seulement opposé la force d'inertie, et que sourd à la voix du tyran, il n'eût point décrété de nouvelles levées; le Corse n'aurait point osé hasarder une pareille entreprise ; l'Espagne et la France n'auraient pas été troublées; le sang n'aurait pas coulé. Alors, occupé au nord de l'Europe , il n'aurait pas osé commencer cette guerre impie. Si la force d'inertie du Sénat pouvait produire des avantages si précieux, on peut se figurer ceux qui seraient résultés de son énergie. Oui, si le Sénat avait usé de ses droits, et qu'il eût dit à Buonaparte, avec une noble fermeté : Nous ne pouvons consentir à l'acte de prévarication en vertu duquel vous prétendez détrôner la branche des Bourbons en Espagne. Nous ne soufrirons jamais que vous portiez atteinte à la personne de ces Princes nos alliés fidèles ; ce serait pour nous une tache indélébile , si nous vous laissions abuser de votre puissance pour retenir prisonniers en France des Princes qui se sont rendus à Baïonne, sur la parole et la garantie de l'Empereur des Français. Le Sénat, organe en ce moment du peuple français, vous représente que tous ces Princes sont sacrés et inviolables, et qu'ils doivent retourner librement dans leurs États. Si le Sénat avait tenu un pareil l'angage, qu'aurait pu faire Buonaparte? Il aurait juré, tempesté, et il aurait fini par reconnaître ses torts. Vous vous trompez, dira-t-on; il n'aurait rien écouté, il aurait fait la guerre. Eh comment, si l'on lui avait refusé les moyens de la faire? Quel que fût son caractère et son despotisme, personne ne doute que le Sénat, composé de cent soixante membres, n'ait pu faire valoir ses droits, et s'élever à la hauteur des circonstances. D'ailleurs il fallait que le Sénat, au moins une seule fois, fît essai de sa force. S'il n'a jamais voulu en faire usage; si au contraire il s'est toujours rangé sous les bannières du Corse pour écraser le peuple, on est en droit d'en conclure qu'il est complice et fauteur de tous les crimes qui se sont commis sous ce règne monstrueux. Oui, c'est au Sénat, autant et plus qu'à Buonaparte, à qui l'Espagne et le reste de l'Europe peuvent attribuer tous les malheurs, tous les fléaux qui les ont désolées! Oui, c'est contre le Sénat que s'élève la voix du sang de toutes les victimes égorgées depuis l'avènement de Buonaparte au rang suprême. Oui, si le Sénat et le despote paraissaient au tribunal de la génération présente, et que, par l'ordre de Dieu, on ne pût condamner et punir que l'un des deux, sans doute Buonaparte serait condamné, comme essentiellement coupable ; mais on énoncerait dans le jugement, que le tribunal n'avait fait grâce au Sénat que pour imiter la conduite de Dieu, qui n'aurait pas dévoré Sodôme par une pluie de feu, s'il y avait eu seulement sept hommes justes.

La guerre d'Espagne en fait éclater une autre d'une espèce nouvelle, moins meurtrière à la vérité, mais plus scandaleuse encore. A la vue de tous les excès qui se commettent, au cri des fidèles et du clergé espagnols, effrayés des spoliations et des profanations des temples du Seigneur, le souverain Pontife, possédé d'une sainte colère, frappe d'excommunication le profanateur. Craignant dans un pays tel que l'Espagne les éclats des foudres du Vatican, le sacrilége Buonaparte fuit avec la rapidité de l'éclair une terre où il est maudit de Dieu et des hommes; et l'instant d'après lance du haut de son trône un décret qui foudroie la puissance temporelle du Pape. Cette pièce est trop curieuse pour ne pas en rapporter ici la substance; la voici :

« Considérant que le pape Pie VII abuse des concessions faites au Saint-Siége par notre prédécesseur Charlemagne, nous décrétons ce qui suit :

» Art. 1er. Rome et les Etats actuels du Saint-

Siége feront désormais partie de l'Empire français, etc., etc. »

Il y a mille ans et plus que Charlemagne est
mort. Buonaparte, descendant de ce prince en
ligne directe, a des droits sur Rome et le territoire romain, comme il en a sur la Hongrie, attendu que ses ancêtres en firent la conquête du
temps de la guerre de Troie.

Ce décret, marqué au coin de l'effronterie la
plus déhontée, est fait pour figurer dignement
à côté de la proclamation du même auteur aux
habitans du Caire. Le commencement est ainsi
conçu : *Je ne suis pas du nombre de ceux qui
viennent vous dire que trois font un. Dieu seul
est Dieu, et Mahomet est son prophète.* Un re-
négat de cette espèce était homme à ne pas mé-
nager le saint Père, qui croit bonnement au
mystère de la Sainte-Trinité. Aussi implacable
dans sa colère que dans sa vengeance, Buonaparte fait entrer une armée dans Rome, en
prend possession, disperse les cardinaux, renverse
le trône pontifical, relègue Pie VII dans un
monastère, etc.

Tout le monde se persuade que le Sénat français interviendra dans une affaire d'une si haute
importance ; qu'il s'opposera à une usurpation
qui blesse à la fois l'honneur, la justice, la religion. On se trompe grossièrement ; aucune con-
sidération humaine ni divine n'est capable d'em-

pêcher le Sénat de suivre le plan de conduite qu'il a adopté pour son repos, pour la conservation de ses honoraires, et pour ne point mécontenter son bienfaiteur et son maître. En conséquence, le Sénat français, après avoir mûrement délibéré, et ouï le rapport présenté par l'un des membres de la commission composée de sept sénateurs, déclare, par un sénatus-consulte, que Rome et tout le territoire du Saint-Siége fera partie de l'Empire français. En conséquence, il sera formé cinq départemens; et la suite ordinaire.

C'est ainsi que l'on se moque de Dieu et des hommes; c'est ainsi qu'un corps délibérant, la première autorité de la France, sanctionne une prévarication scandaleuse, une usurpation sacri-lége; c'est ainsi qu'au mépris des usages, des lois et de la religion de nos pères, le Sénat approuve, par un silence sacrilége, les persécutions exercées sur le père des fidèles, dans un pays où, depuis des siécles, les souverains s'honorent de porter le titre de fils aînés de l'Eglise; c'est ainsi qu'il consacre, par un acte ostensible, l'usurpation la plus violente. On crie de tous les coins de la chrétienté à l'injustice, au scandale, au sacrilége; il n'y a pas un individu qui ne soit indigné d'une pareille spoliation : mais il n'y a personne qui, ne jugeant d'après sa conscience, ne trouve Buonaparte moins coupable que le Sénat.

En effet, le Corse suit les élans de sa colère, de son ambition qui l'emporte au-delà des bornes ; mais c'est avec flegme que le Sénat sanctionne et prononce une aussi affreuse spoliation aux yeux de Dieu et des hommes.

Cuirassé d'impudence, le Sénat, dont les membres se croient désormais d'une autre trempe que le reste des mortels, croyant s'agrandir à proportion de l'accroissement du géant son maître, se retranche dans le sanctuaire de ses séances, se place au-dessus de l'opinion publique, qui s'obstine à le regarder comme un vil instrument dans les mains de Buonaparte, n'émet aucune idée, aucune pensée qui ne soit à la gloire de son Don Quichotte. Suivant les sénateurs, c'est le plus grand homme qui ait encore paru ; il est au-dessus des César, des Alexandre : dans ses vastes conceptions, il embrasse le présent et l'avenir, etc.

Un fait qui tient presque du prodige vint à l'appui des louanges prodiguées à Buonaparte par les sénateurs. Cet heureux aventurier obtint la main d'une princesse, fille de l'Empereur d'Autriche. On fut étonné d'un pareil mariage ; mais chacun se rappelle ce vers d'un de nos poëtes :

Le premier qui fut roi fut un soldat heureux ;

et tout le monde fut content de cet événement

que l'on regardait comme le terme des fléaux de la guerre et le gage assuré de la paix universelle. On croyait que Buonaparte renoncerait à son projet de monarchie universelle, qu'il rentrerait dans le giron de l'Eglise par l'influence de son auguste compagne, que le Pape serait réintégré dans ses Etats, ainsi que le Roi d'Espagne. Ce doux espoir se serait réalisé, si Buonaparte eût écouté ses vrais intérêts, et n'eût pas suivi l'impulsion du génie du mal et de la vengeance.

Pour plus de clarté, revenons pour un instant sur le passé. Dans ses conférences de Tilsitt, Alexandre, empereur de Russie, lui avait promis sa sœur en mariage; mais cette jeune princesse, aussi belle que sensible et vertueuse, avait une aversion invincible pour le Corse, dont on lui avait donné la description ainsi qu'il suit : Cet animal n'a de l'homme que l'extérieur; il a un caractère très-inégal; il est bourru, capricieux, brutal, jaloux, sombre, soucieux, colère, cruel, sanguinaire, vindicatif et fourbe par caractère. Il tient plus du lion et du tigre dans la plupart des actes de la vie; il est lion, mais il n'en a pas la grandeur. Comme cet animal, il est presque toujours en colère et en furie; il est toujours cruel et jamais généreux. Dans ses vengeances, il est sanguinaire comme le tigre; il est encore plus tigre dans ses amours; il a les manies et le brutal instinct de cette bête farouche. Il a l'abord dur et repoussant, air dédaigneux et effronté, regard fixe et effrayant, élocution plus souvent ridicule que sensée, accent étranger et détestable; manières brutales et burlesques, maintien convulsif et mobile, démarche grotesque, propos grossiers et agrestes. On lui avait fait ce signalement : cinq pieds un pouce, grosse tête, cheveux noirs et plats sur toute la tête, front large et élevé, sourcils noirs, yeux *idem*, assez grands, mais hagards et farouches; joues rebondies, nez ordinaire, bouche moyenne, convulsive; denture assez belle, menton saillant, cou gros et court, épaules et poitrine larges, ventre gros, cuisses et jambes très-grosses et courtes, teint moins bronzé que blafard. D'après ce portrait et la connaissance des maux qu'il faisait souffrir à toute l'Europe, ainsi qu'aux têtes couronnées, jamais elle ne voulut consentir à devenir la compagne de Buonaparte. Elle rompit le fil de toutes les négociations commencées à ce sujet, en se mettant sous l'égide de l'impératrice douairière, qui signifia à son fils Alexandre qu'elle ne consentirait jamais à cette union.

Buonaparte fut plus heureux, comme nous l'avons déjà dit, à la cour de Vienne; mais cette faveur ne lui fit pas oublier l'affront de Saint-Pétersbourg. Dès-lors il médite et forme des projets de vengeance contre Alexandre : en conséquence, il fait d'énormes préparatifs de guerre.

Il était à son apogée de puissance et de félicité : il était père ; Marie-Louise lui avait donné un fils ; il avait une armée, la plus formidable du monde. C'était le monarque le plus puissant de l'Europe, et le despote le mieux secondé qu'il y eût eu jamais, par tous ses alentours.

Le Sénat, n'ayant d'autre volonté que la sienne, lui fournissait les moyens de grossir son armée par des levées extraordinaires, sans s'inquiéter des plaintes du peuple. C'était à qui des préfets aurait effectué les levées, et fait rentrer le premier les contributions, parce qu'ils étaient sûrs d'en être bien récompensés, quels que fussent les moyens vexatoires mis en usage pour parvenir à ce but. Malgré l'énormité des impôts, les ressources pécuniaires ne pouvaient suffire aux besoins nécessités par la guerre projetée.

Buonaparte établit un affreux monopole sur les grains, qui lui procura plus de cent quarante millions, et qui eut les suites les plus fâcheuses et les plus horribles. L'année avait été abondante et les moissons excellentes. Tout à coup les blés disparaissent ; on n'en porte plus au marché ; le pain monte à 12 sous la livre dans nos provinces agricoles, et jusqu'à 18 dans les autres. La disette pesant plus sur les malheureux pères de famille, on les vit arracher l'herbe et le trèfle des champs, et les faire bouillir pour alimenter leurs enfans. C'est incroyable le nombre de personnes qui pé-

rirent par les suites des mauvaises substances dont
la faim avait fait faire des alimens. Ce crime inoui
dans les annales du monde, si ce n'est sous le
règne des plus cruels tyrans, s'exécuta progres-
sivement sous les yeux du Sénat, sans qu'il dai-
gnât s'en occuper. Il aurait dû en prévenir l'exé-
cution, ou du moins en arrêter les progrès,
puisque par l'essence de sa constitution, il devoit
veiller au salut de la patrie, et par conséquent
à celui de la population. Loin de penser au salut
du peuple, le Sénat donne dans cette occasion
une preuve bien convaincante de son froid
égoïsme et de son indifférence pour la conservation des Français. Il laisse faire des dragonades dans différentes provinces que la faim et
la cherté des grains avaient forcées à se soulever.
On sabre les habitans de Caen : mêmes horreurs
ont lieu dans plusieurs contrées. Notre Sénat,
tranquille pendant ces meurtres, reçoit ses ap-
pointemens, et chacun des membres les met dans
son coffre-fort, sans manifester la moindre vel-
léité d'interposer l'autorité sénatoriale en faveur
des victimes arrêtées par suite de ces insurrec-
tions. En conséquence, des pères et mères de
famille sont fusillés impitoyablement à Caen.
Leur sang innocent crie et criera éternellement
vengeance contre le Sénat et Napoléon.

Maudit de toute la France, sauf de ses agens
et du Sénat, il part bien muni d'or et d'argent,

et de tous les objets nécessaires à une expédi-
tion lointaine et gigantesque ; fait déclarer la
guerre à la Russie, sous prétexte qu'elle n'avait
pas observé les articles du traité, et qu'elle avait
reçu des marchandises coloniales dans ses ports.
Bientôt il se rend à la tête de ses armées, entre
dans la Lithuanie, bat les armées russes à Smo-
lensk, prend cette place, remporte une autre
victoire sur la Moskowa, s'empare de Moscou. La
rapidité de ses conquêtes étonne tout le monde ;
mais l'incendie de cette ville, effectué par les
habitans mêmes, dévoile aux yeux de l'obser-
vateur de quoi est capable un peuple qui se
porte à une pareille extrémité.

Si Buonaparte, disait-on en France, prolonge
son séjour en Russie, il risque de faire périr
son armée de faim et de froid. Les généraux qui
l'entouraient lui tenaient le même langage ; mais
rien ne peut ébranler ce cœur farouche : il veut
avoir la gloire de signer la paix dans Moscou. Le
cabinet de Saint-Pétersbourg fait traîner exprès
les négociations. Cet homme à si hautes conceptions se laisse berner comme un enfant ; il quitte
Moscou trois semaines trop tard. Un froid ex-
traordinaire arrive ; les routes sont couvertes
de quatre à cinq pieds de neige ; l'armée est sans
provisions ; les soldats meurent de froid et de
faim. Cette belle armée périt presque entièrement dans les déserts de la Russie. Buonaparte

se sauve dès qu'il en trouve le moyen ; laisse aux
généraux le soin de recueillir les débris de l'armée ; arrive en France, comme l'enfant prodigue dans la maison paternelle, dénué de tout
et dans l'état le plus pitoyable. Il a néanmoins
la franchise d'avouer le désastre de ses armées,
la perte du matériel et des caisses militaires.
Ses affidés, pour excuser leur héros, ont beau
publier que notre gloire militaire est intacte,
qu'il n'est pas donné à l'homme de prévoir le
temps, que jamais on avait ressenti en Moscovie,
au commencement de l'automne, un froid si ri-
goureux, les familles frappées au cœur par la
mort de leurs enfans ou de quelques parens
chéris, crient au meurtrier, au bourreau, au
dévorateur du genre humain. Malgré les clameurs publiques, malgré l'indignation générale,
le Corse, soutenu par le Sénat et par ses agens,
se trouve bientôt à la tête d'une armée formidable, bien pourvue, bien équipée. Déjà il menace la Prusse de lui faire ressentir les effets de
sa vengeance et de la punir d'une manière terrible et exemplaire pour sa défection et son alliance avec l'Empereur de Russie. Déjà plus de
trois cent mille hommes sont partis de toutes
les parties de l'Empire, ainsi qu'une artillerie
formidable, pour rejoindre les débris de la
grande armée. Bientôt après il gagne une bataille achetée par beaucoup de sang, et dont les

résultats sont l'évacuation de plusieurs places par les armées ennemies, et pour la nôtre, la reprise de Dresde. Dans une seconde bataille, les Russes et les Prussiens reculent encore devant nous. Cette seconde victoire, gagnée sous les murs de Dresde, ne procure au vainqueur que l'avantage de proposer aux puissances belligérantes un congrès pour traiter de la paix générale. L'Empereur d'Autriche, qui, dans cette guerre, avait observé une stricte neutralité, se présente comme médiateur; déclarant qu'il se tournera contre la puissance qui refusera la paix à des conditions raisonnables. Le congrès s'ouvre à Prague; mais un mois de conférences n'amène aucun résultat, attendu que les prétentions de Buonaparte sont toujours révoltantes et qu'il veut faire le partage du lion. Cependant il faisait avancer vers le nord de l'Allemagne trente à quarante mille hommes de cavalerie, composée des enfans de nos meilleures familles, auxquelles on les avait arrachés, quoiqu'ils eussent des remplaçans à l'armée, et qu'elles avaient montés et équipés à leurs frais. Fier de ce renfort de cavalerie, dont il manquait absolument, le sinistre Corse devient de plus en plus insolent et finit par rompre le congrès. Que faisait donc le Sénat pendant le temps des conférences, dira-t-on? c'était l'occasion ou jamais de se montrer, faire preuve de son existence politique, et d'user de son pouvoir. Il n'ignorait pas que la France était épuisée, que l'on demandait la paix à grands cris, qu'il était physiquement et moralement impossible de soutenir le fardeau de la guerre, que le commerce était anéanti, que l'industrie et les manufactures allaient de plus en plus en décadence. Le Sénat savait tout cela, il le voyait ; mais que lui importe la situation déplorable de la France ; quant à lui, il est tranquille et bien payé. En conséquence il se garde bien de sortir de son système de nullité pour s'occuper de l'intérêt général, et persiste dans son apathie, laissant au Corse le soin de faire ce qu'il voudra.

Il arrive ce qu'on devait attendre d'un pareil négociateur : la guerre recommence, et nous avons de plus sur les bras l'Autriche, dont l'Empereur, las et rebutté de faire des représentations à son gendre, se déclare contre lui, et donne aux coalisés une augmentation de force de plus de deux cent mille hommes.

Il était aisé de prévoir quelle serait l'issue d'une lutte si disproportionnée. Tout autre qu'un fou aurait bien senti que tous ou partie des Princes de la Confédération du Rhin seraient entraînés dans la coalition par la défection de l'Autriche ; mais, frappé d'un aveuglement incurable, ou comptant sur le retour de sa bonne étoile, l'insensé tente témérairement le sort des combats, et obtient d'abord

quelques succès. A entendre ses partisans et les
journaux d'alors, déjà c'en était fait de la coalition.
Bientôt des revers réels et suivis font taire cette jactance : Vandame est battu à la tête d'un corps de
nos armées, composé de plus de quatre-vingt mille
hommes; ce fut le signal d'une suite de revers non
interrompus. Laissons à l'histoire et à la politique
le soin de développer les vraies causes de nos dé-
faites : on les attribue quant à présent à la défection des troupes de la Confédération du Rhin, sans
déclaration préalable, et à l'instant même d'une
bataille. S'il en est ainsi, cette conduite frise beaucoup la trahison. Quoi qu'il en soit, il était facile de
pressentir que cela arriverait. Ces princes, dont le
pays était épuisé d'hommes et d'argent, étaient eux-
mêmes fatigués et indignés de gémir sous le joug
de Buonaparte.

Malgré cet abandon de nos alliés, l'armée française fait une belle résistance dans les plaines de
Leipsick ; on prétend même que nous restâmes
maîtres du champ de bataille : mais cette journée
fut suivie d'un désastre si affreux, que l'on a peine
à croire à cette dernière victoire. Ce qu'il y a de
certain, c'est que notre armée se retira sur Erfurt;
que chemin faisant elle fut assaillie par des forces
formidables; que le désordre se mit dans nos rangs;
que la frayeur, la confusion y furent portées à leur
comble par l'explosion d'un pont, seule retraite
de l'armée ; explosion que l'on attribue à Buonaparte, pour se mettre à l'abri des poursuites de

l'ennemi, sans s'inquiéter de plus de deux cent mille braves qu'il laissait sur l'autre rive, à la discrétion de l'ennemi. Le simple exposé de ce dernier trait peint mieux Buonaparte que tout ce qu'on en pourrait dire ; on voit par là que c'est un tigre toujours altéré du sang des autres, et un lâche qui, pour épargner le sien, sacrifierait le genre humain. Darius battu par Alexandre n'agit pas ainsi : sans écouter les conseils de ses courtisans qui l'engageaient à rompre un pont pour se mettre à l'abri des poursuites de l'ennemi, il aima mieux courir les risques d'être pris ou tué, que de priver les braves qui l'avaient défendu de la seule retraite qui leur restait. Mais Darius était un monarque, et Buonaparte un tyran.

L'habitude de vaincre inspire encore au peu de soldats qui nous restent, assez de courage pour faire une retraite honorable jusqu'aux bords du Rhin, et aux coalisés assez de retenue pour leur faire proposer à Buonaparte de reprendre les négociations de paix. Les puissances coalisées s'engagent à ne point passer ce fleuve pendant les conférences. Les négociations s'ouvrent, les préliminaires de paix sont envoyés à Buonaparte ; mais on fixe un terme à sa ratification. Il traîne exprès en longueur, laisse dépasser le terme. Toutes ces folies, toutes ces extravagances se passent à Paris, en présence du Sénat, qui ne lui fait aucune représentation ; qui fait semblant de ne pas s'apercevoir de l'orage terrible prêt à éclater sur la France ; qui, à l'instar de son patron, affecte la plus grande sécurité, et met à sa disposition cinq cent mille hommes de nouvelles levées. Soit aveuglement de la part du Corse et de ses agens, soit épuisement de la part du peuple, soit plutôt que la Providence l'ait voulu ainsi, il est certain qu'il n'y avait plus ni vigueur, ni activité, ni ensemble dans les actes du Gouvernement. On est trois mois à faire ce que l'on eût fait en une semaine auparavant. Le Corse, naguère si exigeant, si actif, n'est plus le même. On en est étonné; mais on attribue cette conduite à la certitude d'avoir la paix quand il voudra. D'ailleurs on espère, on se rassure de plus en plus, attendu qu'il doit, dit-on, déposer ses sollicitudes et ses vues dans le sein du Corps législatif qu'il a convoqué.

Les choses tournent autrement que l'on ne croyait : la session du Corps législatif est aussitôt close qu'ouverte. Ce corps s'était permis de présenter à Napoléon, sur la situation de l'Empire, une adresse pleine de vérités exposées avec une noble, mais modeste franchise ; et, de plus, il avait osé voter qu'elle serait imprimée. Il n'en fallait pas tant pour irriter Buonaparte, habitué par le Sénat à n'entendre ni vérités ni représentations pour l'intérêt général. Aussi du haut de son trône il insulte le Corps législatif, dont plus d'un douzième, dit-il, est vendu à nos ennemis. Il répète cent fois que les membres de ce corps ne sont pas les représentans du peuple ; que lui seul est investi de ce titre ; qu'il le doit aux votes de plus de quatre millions de

Français. D'ailleurs, dit-il dans un élan d'éloquence, *quand on a du linge sale*, *il ne convient pas de le laver en public.* Après cette phrase où respire la majesté impériale, Buonaparte ajourne indéfiniment le Corps législatif, et l'avertit qu'il surveillera les mauvaises têtes. Quelques jours après, sans s'inquiéter des suites de cette insulte, il double les impôts, et donne ordre, vu l'urgence, de les exiger avec la dernière rigueur. Ces prévarications, ces forfaitures indignent et soulèvent le peuple ; mais ne font pas la moindre sensation sur le Sénat conservateur, qui, de temps immémorial, n'a voulu, ne veut et ne voudra conserver que son traitement, et ne reconnaît, en conséquence, d'autre charte constitutionnelle que la volonté de Buonaparte. Pourquoi d'ailleurs prendrait-il les intérêts d'un peuple entier, qui fait profession de le mépriser ?

Cependant le mal s'aggrave, l'opinion publique se prononce plus fortement que jamais contre Buonaparte et contre le Sénat, on soupire après un autre ordre de choses. C'est justement dans ces circonstances que les puissances coalisées, lasses des tours et des perfidies de Buonaparte, franchissent le Rhin de différens côtés, et envahissent nos frontières avec une armée de sept à huit cent mille hommes. Les faits mettent au grand jour l'affreux état de notre position, la folle jactance du Corse, son extravagante opiniâtreté, l'homicide système d'apathie et d'égoïsme du Sénat. En effet, au moment de l'invasion nous nous trouvons comme un peuple neuf, sans provisions, sans magasins, sans munitions, sans armes et presque sans armées. On rassemble néanmoins à la hâte quelques débris des régimens échappés au dernier désastre, pour en former la garnison de nos places, qu'on approvisionne comme on peut. Cependant les progrès des ennemis renversent toutes les espérances de ceux qui comptaient encore sur le génie de Buonaparte, démasquent la nullité de ses moyens, et la détermination bien prononcée, de la part des puissances, de ne plns traiter avec cet extravagant barbare. Le Sénat, comme le premier corps de l'Etat, en est informé mieux et avant que qui que ce soit ; mais il n'en persiste pas moins à favoriser et à soutenir son prétendu héros, à le rassurer contre ce nouveau genre d'attaque, en lui notifiant, par une adresse *ad-hoc*, qu'il ne souffrira jamais que l'on sépare les intérêts du chef de ceux de la nation. Voilà donc le Sénat, au mépris de ses devoirs et du salut du peuple, bien prononcé pour Buonaparte. D'un autre côté, le peuple, plus inquiet que jamais sur l'avenir, voit visiblement qu'on le sacrifie et qu'on le trompe. En conséquence, on s'accoutume à traiter de mensonges et d'impostures tout ce qui émane du Gouvernant ; on ne croit même plus le canon des invalides, jadis l'organe bruyant mais fidèle de nos victoires. Pour combattre cette incrédulité, les agens de Buonaparte emploient la voie des Corps municipaux des communes où les troupes ennemies ont séjourné, et on leur fait faire un long et ample récit des horreurs commises par les Cosaques. On affiche ces procès-verbaux, on les lit avec empressement ; on conçoit une horreur indicible pour cette soldatesque effrénée, et le désir bien sincère de s'en venger. Cet esprit de vengeance aurait gagné toutes les classes de la société sous un autre Gouvernement ; mais on reste indécis, tant on a en exécration le Gouvernement monstrueux de Buonaparte.

On est bien indigné, à la vérité, de la barbarie des Cosaques ; mais on ne pardonne pas au Sénat de nous avoir réduits à cette fatale extrémité, pendant qu'il lui aurait été si facile d'éloigner de nos frontières cette horde de sauvages, en frappant d'interdit Napoléon, et en le déclarant en démence, lorsque le Corps législatif était en fonctions. Les généraux et l'armée auraient applaudi à cette mesure, et la nation l'aurait sanctionnée. Puisqu'il était avéré que Buonaparte était le seul obstacle à la paix, on l'aurait obtenue par son interdiction : il en serait résulté de deux choses l'une, la régence de Marie-Louise ou le retour des Bourbons. L'influence de la Maison d'Autriche faisait croire la régence possible ; la crainte des orages inséparables d'une régence, et l'amour des vrais Français pour les Bourbons, rendaient plus probable le rappel de ces Princes, dans la personne de qui l'on désirait faire réparation de l'outrage et de l'atrocité commis envers Louis XVI par une poignée de factieux et de turbulens. Pour parvenir à l'une de ces fins, nous n'avions pas besoin de l'entremise des puissances voisines : c'était un acte de police intérieure que nous pouvions faire nous-mêmes. A ce parti sage et paternel, le Sénat a préféré l'invasion de notre territoire, les dégâts, les dévastations, les horreurs inséparables de la présence d'une armée innombrable, qui traîne à sa suite plus de cent mille Tartares sans frein, sans discipline.

Pendant que Napoléon manœuvre aux environs de Paris pour en défendre les approches aux ennemis; pendant qu'il fait encore quelques prouesses avec une armée composée de conscrits en grande partie et de quelques vieilles bandes qu'il sacrifie, il y avait encore une ombre de congrès. Il aurait pu encore, au 12 mars, obtenir des conditions honorables; mais il était écrit au ciel qu'il ne ferait rien pour se sauver ; au contraire, qu'il ferait tout pour se perdre. Peut-être que les choses auraient pris une autre face, si le Sénat l'avait éclairé sur ses vrais intérêts, s'il lui eût fait sentir qu'il ne devait pas davantage risquer sa couronne et le salut de Paris au hasard des combats ; mais il était écrit que le sénat mourrait dans l'impénitence finale, sans jamais faire de bien, pas même à son bienfaiteur, à son père Napoléon; que, pour ne pas le contrarier, il lui laisserait faire des extravagances jusqu'à la fin, au risque d'exposer la capitale à être réduite à feu et à sang. Mais il était gravé dans le cœur de chacun de ses membres qu'ils prendraient dès cet instant leurs précautions personnelles : déjà même plusieurs d'entre eux avaient pensé à leur sûreté et avaient quitté Paris. Dans les derniers jours antérieurs au 30, la plupart de ceux qui y étaient encore s'en allèrent ou se cachèrent.

On ne saurait rendre les mouvemens, les menées, les efforts, les impostures des agens de Buonaparte pour monter les têtes, échauffer les esprits, et les égarer pendant ces derniers jours. La colonne qui s'avançait sur Paris, disaient-ils, avait échappé au fer de nos armées victorieuses ; c'était le débris de l'armée de Blucher, formant tout au plus trente mille hommes : Napoléon était sur ses derrières, tenant en échec les restes des armées coalisées ; et, pour peu que Paris tînt seulement vingt-quatre heures, c'en était fait des ennemis.

Toutes ces manœuvres échouèrent en grande partie par le départ de la Régente et du Roi de Rome : les esprits se refroidirent, voyant avec les deux premières personnes de l'État partir les grands dignitaires, les conseillers de la régence, les conseillers d'Etat, enfin tous les sénateurs initiés. Presque tous les grands avaient fui, excepté le roi Joseph, qui proclame qu'il reste. La présence d'un pareil général n'était pas faite pour rassurer la capitale : on savait qu'il avait fui d'Espagne en criant : *Sauve qui peut !* Déjà l'ennemi est à nos portes ; déjà il y a quelques engagemens entre les avant-postes : les hauteurs de Saint-Chaumont, de Ménilmontant, de Montmartre, étaient garnies de canons, ainsi que les barrières, défendues d'ailleurs par de méchantes palissades. Dès la pointe du jour l'action s'engage, de notre côté, avec une armée forte au plus de dix-huit mille hommes de ligne et quelques gardes nationaux, contre une armée dix fois plus nombreuse. Déjà le canon gronde, porte la mort dans les rangs ennemis : on se bat avec in- trépidité. Chaque fois que l'ennemi veut monter à l'assaut, il est repoussé avec perte : notre artillerie, servie par les élèves de l'École polytechnique, fait un ravage effroyable. Mais qui pourra jamais le croire? on manque de munitions. En conséquence, le maréchal Marmont, commandant en chef, ac- cepte la capitulation honorable qu'on lui offre. Il est à remarquer que, jusqu'au dernier moment, les agens et le frère de Buonaparte avaient trompé le peuple et la garde nationale, en publiant que Napoléon marchait à grands pas sur les derrières des ennemis, et qu'à trois heures au plus tard il les attaquerait avec une armée victorieuse. Ces propos fallacieux furent cause qu'un assez grand nombre de gardes nationaux s'avancèrent en tirailleurs, qu'il en périt plus de deux cents, et qu'il y en eût plus de quatre cents de blessés. Laissons au temps à débrouiller l'intrigue et le machiavélisme de cette journée. On ne peut concevoir, quant à présent, comment et pourquoi l'on manqua de munitions, lorsque la place en regorgeait; on ne peut concevoir aussi comment et pourquoi on combattit avec si peu de monde, pendant qu'il y avait à Versailles et ailleurs des forces disponibles; et pourquoi enfin

on avait cherché à compromettre la garde nationale. On voit bien visiblement qu'il y avait deux
partis ; l'un qui, de bonne foi, était pour Buonaparte, et dont les chefs s'enfuirent comme des lâches
au moment du danger ; l'autre qui, agissant sourde-
ment, entravait toutes les mesures, et était d'intelli-
gence avec les coalisés. On conjecture que les meneurs de ce dernier parti, qui avaient pris leurs précautions en cas de revers, crurent devoir laisser
donner la bataille. Ainsi le conflit des passions, et
pour les menus plaisirs des grands, il fallut que le
sang de quinze ou vingt mille hommes, de part et
d'autre, arrosât les hauteurs et les plaines des environs de Paris.

Voilà cependant la capitale à la discrétion des
Puissances coalisées ; mais personne des agens du
gouvernement ne daigne même faire part aux
Parisiens des articles de la capitulation ; la plupart
ne connaissent leur sort que le lendemain ; ils ne
se rassurent qu'à la vue des troupes étrangères,
dont le nombre étonne autant que leur maintien
rassure et tranquillise. On remercie la Providence
d'avoir manié ainsi le cœur des monarques, de
leur avoir inspiré une telle modération ; on vante,
on admire la générosité et la magnanimité de
Guillaume et d'Alexandre, et surtout la bonté de
ce dernier, qui, à la vue d'une population nombreuse criant sur son passage : *Vivent les Bourbons !* signale son entrée par une proclamation où
il garantit à la nation l'intégrité des anciennes li-

mites, la faculté de choisir un gouvernement, et invité les membres du Sénat à se réunir pour nommer un gouvernement provisoire, afin de pourvoir aux besoins de l'administration, et préparer une constitution.

Les Sénateurs en petite minorité se réunissent, prononcent la déchéance de Buonaparté, et forment un gouvernement provisoire. Comment est motivé cet acte? Il porte sur les infractions nombreuses faites par Buonaparte à la charte constitutionnelle. De tout temps, il a violé le pacte qu'il avait fait avec le peuple français. Pourquoi le Sénat n'a-t-il plutôt sévi contre lui? par une lâche pusillanimité. Dira-t-il qu'il n'en avait pas le droit? Pourquoi le prend-il aujourd'hui? parce qu'il est à bas et qu'il n'en espère plus rien.

Je laisse aux savans versés dans le droit des nations, à discuter si le Sénat avait le droit ou non de prononcer cette déchéance. Ce qui est palpable et sensible, c'est que ce pouvoir ne serait pas sans inconvénient, et qu'un excellent souverain pourrait être déposé au gré d'une poignée de factieux qui s'entendraient, s'il n'était pas nécessaire, dans une affaire de cette importance, de l'intervention et de l'autorité du corps de la nation.

On pourrait donc demander au Sénat : Qui êtes-vous et de qui tenez-vous votre pouvoir? Vous avez été créé et mis au monde par Napoléon, à la journée de Saint-Cloud. Certes, il ne vous a pas investi du pouvoir de le destituer. Le peuple ne

vous a point non plus investi d'une pareille autorité ; il n'a nullement participé à votre création ; il
ne vous connaît que comme des vampires qui vivez
aux dépens de ses sueurs et de son sang ; des pour-
voyeurs de l'ogre, à qui vous le forciez de fournir
annuellement la chair fraîche de deux à trois cents
mille hommes. Pourquoi, fils ingrats, agissez-vous
ainsi, sans mission et sans droits ? Par nécessité,
direz-vous. Soit ; la nécessité est la première des
lois. Qui vous a réduits à cette fatale nécessité ? La
loi du plus fort. Vous n'êtes donc quelque chose
que par la volonté du plus fort ; vous êtes donc
une émanation, un souffle de sa volonté. Vous
avez, en conséquence, prononcé cette déchéance
parce qu'il le fallait. Vous n'avez donc eu aucun
mérite en le faisant ; vous avez été passifs. Ce souffle
de vie politique ne vous a été donné que pour un
moment ; mais n'est pas une régénération.

Ouvrage et enfans de Buonaparte, vous ne pouvez
ni ne devez lui survivre : vous êtes la production
la plus dangereuse qui soit sortie de ses entrailles.
Rentrez donc dans le néant dont il vous a tiré. Quel
aveuglement a pu donc vous faire croire que vous
étiez investis du pouvoir de sanctionner la constitution ? Comment avez-vous pu croire que vous
aviez l'autorité de disposer du trône de France,
et que Louis XVIII n'y monterait qu'en s'enga-
geant à vous continuer vos traitemens, à les rendre
héréditaires, ainsi que vos dotations ? C'est un bou-
leversement d'idées inconcevable, si vous n'aviez

pas donné depuis votre existence des preuves que vous n'aviez d'autre patrie, d'autre divinité, que l'égoïsme. Quoi ! vous voulez imposer une pareille condition à un prince qui rentre dans le patrimoine de ses pères, appelé par l'amour de ses sujets à un trône héréditaire ! Vous avez de si folles prétentions, vous qui n'existez que par la bonté des Puissances alliées, qui ont manifesté hautement la volonté de remettre les Bourbons sur le trône, et qui ne vous ont laissé subsister que par politique et par grâce ; vous qui, du temps de votre Corse, avez sanctionné toutes ses extravagances, favorisé ses cruautés, encensé bassement le despote le plus bizarre et le plus dangereux qui ait existé de mémoire d'homme ; vous qui avez dépeuplé la France, et contre qui le sang de huit millions de ses enfans crie au ciel vengeance, ainsi que contre lui. Eh ! vous demandez que l'on récompense vos services par l'hérédité de vos places ; qu'au mépris de toutes les lois on vous alloue à vous et aux vôtres vos dotations et vos priviléges ! Dans quel code avez-vous vu que l'on puisse ainsi aliéner les domaines nationaux ? Que ferait-on pour des hommes de mérite et vertueux qui auraient sacrifié leurs veilles et leur vie pour la patrie, pour de braves généraux qui auraient versé leur sang pour la cause commune ? Tout ce que vous pouvez attendre, c'est l'oubli du passé. Le petit nombre d'entre vous qui n'ont pas contribué au mal est assez connu, et aura droit sans doute de participer aux bienfaits du

Prince ; mais c'est nullement comme Sénateurs de Buonaparte, mais comme bons Français, et dignes sujets de Louis XVIII, dont l'approche a fait cesser le règne du crime, et dont la présence doit faire cesser celui de l'égoïsme , seule divinité du Sénat.

Des Sénateurs doivent avoir de la vertu, de l'honneur et une patrie ; et beaucoup d'entre vous n'en ont jamais eu : aussi êtes-vous l'objet du mépris général. Quelques-uns sont souillés d'une tache indélébile ; ils ont voté la mort du Roi. Celui-ci a été dans la tour du Temple lui lire sa sentence ; celui-là l'a trahi et livré. Rendez-vous justice, Messieurs, pourrait-on dire à tous ces derniers ; éloignez-vous pour jamais du trône des lis, que votre approche effraie, et que votre présence déshonore. D'autres d'entre vous, qui faisaient partie de la minorité de l'Assemblée constituante, ont traversé depuis toutes les factions, en ont été les meneurs, et jouent encore un grand rôle. Ceux-ci ne sont pas les moins dangereux ; ils sont toujours prêts à faire des révolutions. Plusieurs sont sans foi ; d'autres se moquent de la religion : on compte parmi vous des prêtres mariés. Le Sénat est donc une assemblée d'hommes vicieux et dangereux ; il faut donc le refondre entièrement et le composer d'hommes désintéressés et vertueux.

D'ailleurs le Sénat est fauteur et complice de tous les excès auxquels s'est livré Buonaparte, puisqu'il était revêtu par la constitution de l'autorité nécessaire pour les arrêter et les réprimer ;

qu'il avait droit de délibérer sur la paix et sur les charges; de veiller à la sûreté, à la liberté des personnes, et à la liberté de la presse. Il nommait annuellement une commission chargée spécialement de ces deux derniers objets. Il s'ensuit que les outrages, les injustices faites en pays étrangers, ainsi que les spoliations, les usurpations de territoires, les guerres extravagantes et iniques entreprises par Buonaparte, sont des crimes dont le Sénat était sciemment complice, puisqu'il les favorisait par des levées. Il s'ensuit que le sang de toutes les victimes sacrifiées par Buonaparte retombe également sur le Sénat; que les dragonades exercées à Caën et ailleurs sont des horreurs auxquelles il a participé; que nos malheurs actuels sont son ouvrage. Il est donc de toute justice que le Sénat de Buonaparte expie au moins ses forfaits par une abdication, s'il veut s'épargner la honte d'une dissolution et d'une expulsion mille et mille fois méritée.

Il faut néanmoins excepter de cette mesure ces généreux athlètes de l'opposition, qui ont combattu pour la patrie et pour la vertu. Leurs efforts ont été inutiles à la vérité; mais ils n'en sont pas moins dignes de l'estime générale pour avoir fait surnager l'honneur français sur cet océan de crimes. On peut faire figurer honorablement dans ce petit nombre d'hommes d'élite, MM. Lanjuinais et Vernier, qui tous les deux ont bravé également les poignards des assassins et la hache révolutionnaire sous la Convention, et dans le Sénat le despotisme du tyran. Quelques autres sénateurs, dont je ne me rappelle pas le nom, ont montré également un noble dévouement pour la patrie : je regrette bien sincèrement de ne pouvoir ici leur rendre le tribut d'hommages qui est dû à leur courage et à leurs vertus.

FIN.